SCHOLAS

Write-N-Seek
SIGHT WORDS

Motivating Practice Pages to Help Kids Master Sight Words

Immacula A. Rhodes

New York • Toronto • London • Auckland • Sydney
Mexico City • New Delhi • Hong Kong • Buenos Aires

Written and produced by Immacula A. Rhodes
Cover design by Michelle H. Kim
Interior design by Jaime Lucero
Cover illustration by Emma Parrish
Interior illustrations by Maxie Chambliss, Rusty Fletcher, and Doug Jones

ISBN: 978-1-338-18022-0

1 2 3 4 5 6 7 8 9 10   40   23 22 21 20 19 18 17

Contents

WRITE-N-SEEK ACTIVITY PAGES

Introduction

Welcome to Write-N-Seek: Sight Words!

This book is the answer to your search for a fun, simple way to give children practice in recognizing and writing the top 50 high-frequency words found on the Dolch Basic Sight Word Vocabulary List. Each activity page targets a sight word that children can trace and write independently. The word is also featured in a sample sentence, giving children practice in using it in context. At the bottom of each page, children search for and circle the word in a word-search puzzle, giving them lots of opportunities to refine their visual skills by comparing letter sequences to the spelling of the target sight word. In addition, word-search puzzles containing a mixture of sight words are included to provide extra practice in recognizing those words.

You can use the activity pages in a variety of ways and with children of all learning styles. Complete them with the whole class, or have children work in small groups or pairs. The pages are also ideal for one-on-one lessons, learning center activities, individual seatwork, or take-home practice. And best of all, they support children in meeting the standards for Reading Foundational Skills for grades K–2. (See below.)

Connections to the Standards

Print Concepts
Demonstrate understanding of the organization and basic features of print.

Phonics and Word Recognition
Read common high-frequency words by sight.

How to Use the Activity Pages

Completing a Write-N-Seek activity page is as easy as 1, 2, 3! Distribute copies of the page for the sight word you want to teach. Point out and name the target word at the top of the page. Then have children:

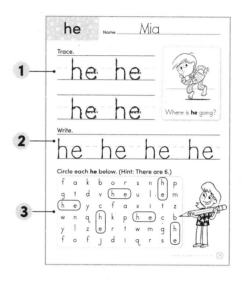

1 Trace the word.

2 Write the word.

3 Find and circle the word each time it appears in the word-search puzzle (six times).

Note: The Answer Key on pages 60–64 lets you quickly check students' word-search puzzles for correctness.

Tip: All the sight words in the puzzle go from left to right (→) or top to bottom (↓).

TEACHING TIPS

Use these tips to help children get the most from the activities.

* **Provide a model:** Demonstrate, step by step, how to complete an activity page.

* **Focus on the target word:** Have children identify the target word and finger-write it in the air. Read the sentence in the box, emphasizing the sight word as you say it.

* **Promote visual skills:** Have children look carefully for the sight word in the word-search puzzle. As they complete the activity, encourage them to note how the sight word is spelled each time they find it in the puzzle.

* **Give additional practice:** Distribute copies of pages 56–59 to give children more practice in finding the sight words in a word-search puzzle.

LEARNING CENTERS

Make the activity pages self-checking when using them in a learning center. To create an answer key, simply complete the page for a selected word, drawing a bold circle around each target word in the word-search puzzle. Then tape the completed page to the back of a file folder and place copies of the activity page inside the folder. Have children complete the page and then use the answer key to check their work.

the

Trace.

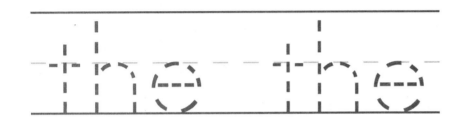

I saw **the**
bee fly away.

Write.

_____

- - - - - - - - - - - - - - - - - - -

_____

Circle each **the**. (Hint: There are 6.)

t	h	e	l	t	k	n	o	h	d
d	f	u	d	h	u	b	l	t	q
g	e	n	h	e	o	v	i	h	r
y	n	x	a	u	t	m	f	e	b
r	t	h	e	r	h	w	p	a	k
f	b	r	j	d	e	q	t	h	e

to

Name _____

Trace.

She wants **to** hold the rabbit.

Write.

Circle each to. (Hint: There are 6.)

t a k b u r t o q f
g t o d c t u l m o
d v n h y o b i t n
t o x a m p n t c b
y l t e s t w o g k
w h o j q i q r s e

and

Name _____

Trace.

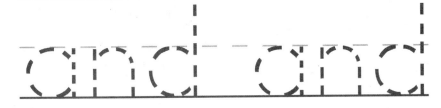

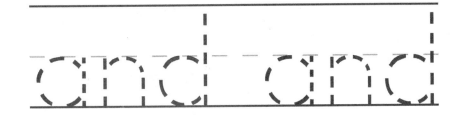

I have a bat
and a ball.

Write.

- -

Circle each **and**. (Hint: There are 6.)

k	a	b	f	e	h	q	a	n	d
g	n	u	a	c	f	o	l	m	n
o	d	w	n	i	p	a	n	d	r
t	s	x	d	u	a	m	b	c	p
y	l	h	e	r	n	w	t	g	k
j	a	n	d	i	d	q	v	s	o

he

Trace.

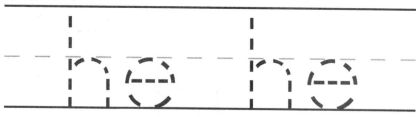

Where is **he** going?

Write.

Circle each **he**. (Hint: There are 6.)

f	a	k	b	o	r	s	n	h	p
g	t	d	v	h	e	u	l	e	m
h	e	y	c	f	a	x	i	t	z
w	n	q	h	k	p	h	e	c	b
y	l	z	e	r	t	w	m	g	h
f	o	f	j	d	i	q	r	s	e

Name _____

Trace.

This is **a** good book.

Write.

Circle each **a**. (Hint: There are 6.)

t	a	k	f	g	r	n	s	h	o
q	f	u	d	c	b	r	l	m	a
d	o	v	h	f	a	u	i	t	p
f	r	x	a	n	p	m	f	c	b
y	l	h	e	r	t	w	a	g	k
a	w	z	j	d	i	q	r	s	e

I

Name _____

Trace.

I like to
ride the bus.

Write.

Circle each **I**. (Hint: There are 6.)

```
p  a  k  f  x  r  n  o  h  I
g  j  u  d  I  b  u  l  m  q
d  o  I  s  f  z  v  y  t  r
h  w  x  a  n  p  I  f  c  b
y  l  v  e  r  t  w  g  I  k
f  c  r  j  d  I  q  r  s  e
```

you

Trace.

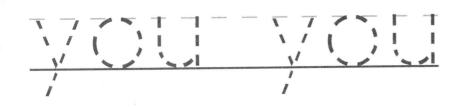

Do **you** have a cat?

Write.

Circle each **you**. (Hint: There are 6.)

y	a	k	z	c	r	n	y	h	i
o	f	p	y	o	u	q	o	m	d
u	w	n	h	f	e	j	u	t	r
d	s	x	a	y	p	l	z	c	b
y	o	u	e	o	t	w	s	g	k
v	c	g	j	u	i	q	y	o	u

Name _____

Trace.

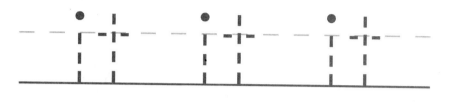

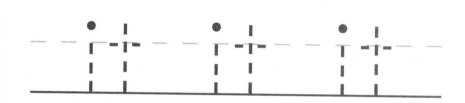

What time is **it**?

Write.

Circle each **it**. (Hint: There are 6.)

h	x	i	t	e	r	s	j	k	i
z	f	w	d	i	b	u	l	y	t
k	p	n	h	t	o	z	i	t	v
i	t	g	x	y	n	p	m	f	c
y	l	h	o	c	i	w	a	g	b
f	a	v	j	d	t	q	e	s	r

of

Trace.

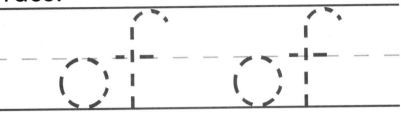

He has lots **of** blocks.

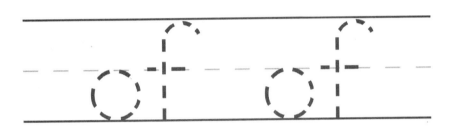

Write.

Circle each **of**. (Hint: There are 6.)

i	r	x	a	n	p	o	f	c	b
w	o	k	b	e	y	z	v	h	k
q	f	u	d	c	g	u	l	m	o
z	l	s	o	m	d	w	j	q	f
d	y	n	f	t	o	f	a	t	v
k	o	f	j	h	i	g	r	s	e

in

Trace.

We can go **in** the van.

Write.

- -

Circle each **in**. (Hint: There are 6.)

y	l	h	i	n	t	i	j	m	k
p	f	u	d	c	q	n	w	g	a
d	i	v	b	f	n	r	i	n	z
c	n	x	e	o	g	v	p	h	b
e	a	r	y	i	n	k	l	i	f
m	u	z	s	d	t	q	j	n	o

was

Name _____

Trace.

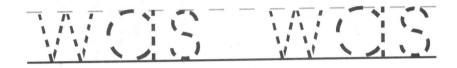

The bird **was** in a tree.

Write.

- -

Circle each **was**. (Hint: There are 6.)

w	a	s	m	v	r	n	o	w	f
i	f	h	u	c	b	z	l	a	u
d	q	w	k	w	a	s	g	s	y
w	r	a	x	n	p	m	x	c	b
a	l	s	e	z	t	w	a	s	k
s	o	v	j	d	i	q	r	h	e

said

Name _____

Trace.

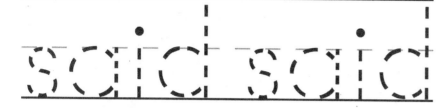

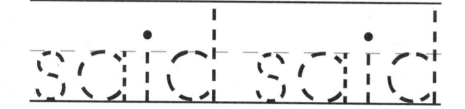

Mom **said** she likes the flower.

Write.

_____

- - - - - - - - - - - - - - - - - - - -

_____

Circle each **said**. (Hint: There are 6.)

s	j	s	a	i	d	e	z	t	r
a	l	k	p	o	r	n	h	s	y
i	f	s	b	s	a	i	d	a	b
d	o	a	j	n	p	m	f	i	g
y	m	i	o	h	t	w	l	d	k
x	e	d	s	a	i	d	u	q	v

his

Trace.

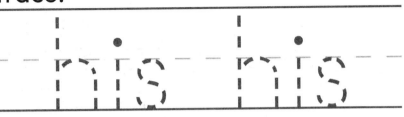

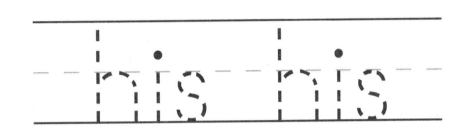

The boy pats **his** dog.

Write.

- -

Circle each **his**. (Hint: There are 6.)

t	r	h	i	s	p	n	j	z	k
y	l	b	e	r	h	w	h	i	s
f	h	v	j	d	i	q	m	g	e
u	i	k	z	a	s	x	o	h	f
g	s	n	q	c	b	t	l	i	c
d	o	x	h	i	s	y	u	s	a

that

Name _____

Trace.

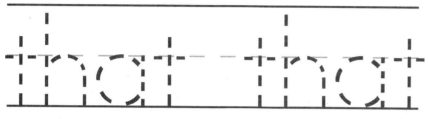

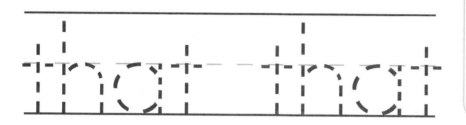

I want a pet **that** swims.

Write.

- - - - - - - - - - - - - - - - -

Circle each **that**. (Hint: There are 6.)

f	e	k	s	o	r	n	t	l	d
i	t	h	a	t	p	x	h	c	q
t	g	u	d	c	b	i	a	m	t
h	y	t	h	a	t	k	t	j	h
a	l	p	e	v	m	w	u	g	a
t	o	r	n	t	h	a	t	s	t

Trace.

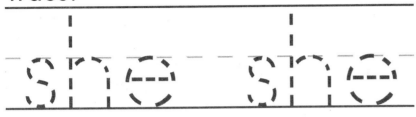

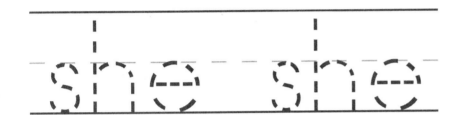

I hope **she** likes the gift.

Write.

Circle each **she**. (Hint: There are 6.)

f	s	k	c	o	s	h	e	l	d
w	h	r	n	g	d	m	q	s	j
b	e	u	s	h	e	i	a	h	r
j	y	i	f	l	k	s	w	e	z
s	h	e	o	t	p	h	b	c	n
q	l	p	x	v	m	e	u	g	a

Name _____

Trace.

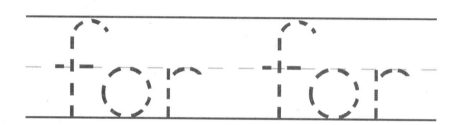

This cake is **for** you.

Write.

Circle each **for**. (Hint: There are 6.)

t	a	k	f	o	r	n	o	h	f
g	f	u	d	c	b	u	l	m	o
d	o	n	h	f	o	r	i	t	r
t	r	x	a	n	p	m	f	c	b
y	l	h	e	r	t	w	o	g	k
f	o	r	j	d	i	q	r	s	e

on

Trace.

on on

on on

The bug is **on** a rock.

Write.

- - - - - - - - - - - - - - - -

Circle each **on**. (Hint: There are 6.)

g l p i z o v u s k
t o n j d n q r h a
o f h u c b e l o n
n q m o i a w g z y
w r e n x p o n c b
v d s t j v k x m f

they

Name _____

Trace.

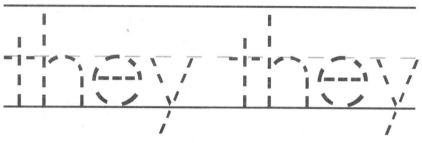

Will **they** take
all the food?

Write.

Circle each **they**. (Hint: There are 6.)

p t k t h e y o l a
g h u f t n t h e y
d e b i h s c j t r
w y x a e p m f h b
c l m r y v w o e k
t h e y d i q n y g

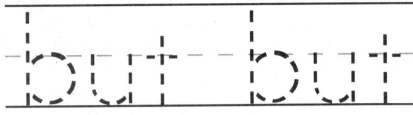
but

Name _____

Trace.

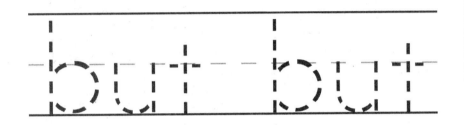

YAP! YAP! YAP!

My dog is small **but** loud.

Write.

_____

- -

_____

Circle each **but**. (Hint: There are 6.)

w	n	o	z	k	g	b	j	f	y
d	c	b	u	t	e	u	l	m	a
b	u	t	a	d	v	t	h	q	i
s	r	x	b	m	p	n	k	c	b
h	e	j	u	l	b	u	t	g	u
f	k	p	t	i	q	j	r	s	t

had

Name _____

Trace.

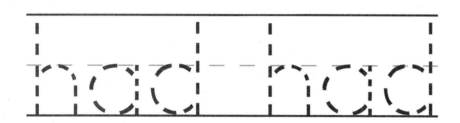

We **had** pizza for lunch.

Write.

_____

- - - - - - - - - - - - - - - -

_____

Circle each **had**. (Hint: There are 6.)

h	i	b	v	h	w	c	z	u	s
a	p	u	j	a	t	e	k	x	o
d	m	l	f	d	q	r	h	a	d
q	h	a	d	n	p	h	f	l	g
y	k	e	c	r	b	a	m	v	t
w	n	h	a	d	o	d	i	s	j

at

Trace.

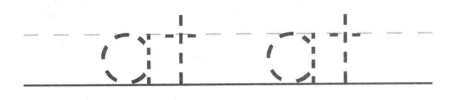

We have fun **at** the pool.

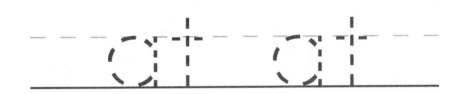

Write.

_____

- - - - - - - - - - - - - - - - - - - -

_____

Circle each **at**. (Hint: There are 6.)

c	m	w	e	h	r	a	t	f	y
g	l	u	d	o	q	n	k	m	a
a	z	n	f	r	s	p	i	x	t
t	r	x	a	t	h	w	j	c	b
v	k	h	e	u	z	a	v	g	l
s	o	p	i	b	j	t	d	a	t

him

Name _____

Trace.

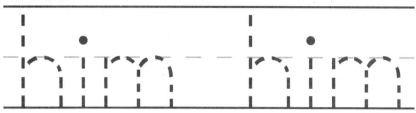

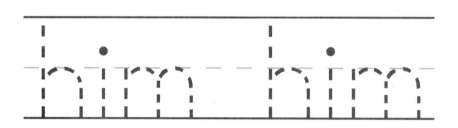

The ball came back to **him**.

Write.

Circle each **him**. (Hint: There are 6.)

n	j	n	t	a	k	z	u	f	s
h	i	m	g	h	e	d	c	l	o
d	a	l	h	i	w	q	h	i	m
n	h	r	i	m	o	v	b	y	x
w	i	f	m	j	h	i	m	t	k
b	m	u	q	c	s	e	g	p	r

with

Trace.

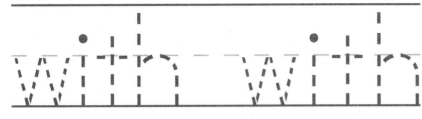

Come **with** me
to the zoo.

Write.

_____

_ _

_____

Circle each **with**. (Hint: There are 6.)

p	o	w	j	a	k	w	i	t	h	h
w	b	i	d	u	f	r	l	m	g	
i	e	t	m	w	i	t	h	w	n	
t	u	h	a	n	p	v	f	i	b	
h	l	c	e	k	o	r	s	t	y	
d	x	q	w	i	t	h	z	h	e	

up

Trace.

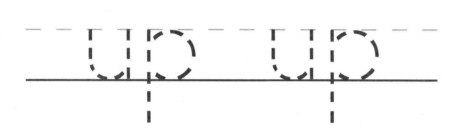

The plane can
fly **up** high.

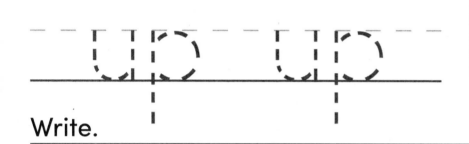

Write.

_____

- - - - - - - - - - - - - - - - - - -

_____

Circle each **up**. (Hint: There are 6.)

t	v	k	u	o	r	n	u	p	f
g	a	q	p	c	h	s	l	m	q
d	u	n	b	f	u	r	i	j	r
z	p	s	a	v	p	y	u	p	b
y	l	h	e	t	z	w	o	g	k
w	u	p	j	d	i	q	c	x	e

all

Name _____

Trace.

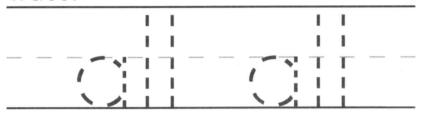

The lion has **all** the lollipops.

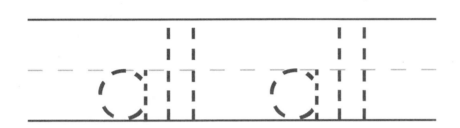

Write.

_____

- - - - - - - - - - - - - - - - -

_____

Circle each **all**. (Hint: There are 6.)

p	i	e	t	v	a	l	l	o	w
b	h	a	n	f	g	u	a	l	l
r	u	l	m	p	k	s	n	d	f
a	q	l	x	a	l	l	m	a	c
l	y	z	h	e	r	t	w	l	g
l	c	o	d	j	b	i	q	l	s

look

Name _____

Trace.

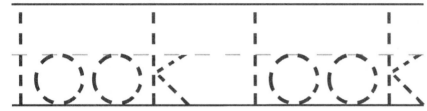

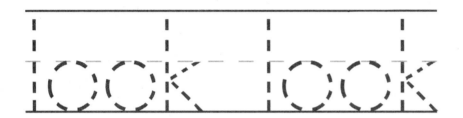

Come **look** at the clown.

Write.

Circle each **look**. (Hint: There are 6.)

t	a	l	o	o	k	n	y	h	l
l	f	u	d	c	b	e	s	m	o
o	g	q	l	a	l	o	o	k	o
o	r	x	o	n	p	c	f	u	k
k	i	h	o	r	v	w	n	g	j
f	m	b	k	z	l	o	o	k	e

is Name _____

Trace.

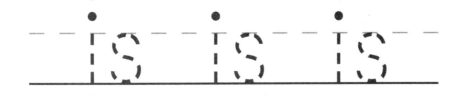

is is is

is is is

The baby **is** happy.

Write.

- - - - - - - - - - - - - - - -

_____

Circle each **is**. (Hint: There are 6.)

c	a	k	f	t	r	n	v	h	q
d	q	x	w	i	s	u	g	m	y
j	i	m	e	v	l	z	i	s	a
u	s	h	c	d	p	i	f	b	r
y	l	r	i	s	t	s	n	i	e
o	z	b	j	g	w	v	x	s	k

her

Trace.

her   her

her   her

The girl played
on **her** slide.

Write.

- - - - - - - - - - - - - - -

Circle each **her**. (Hint: There are 6.)

q	h	e	r	o	z	p	y	a	h
g	t	u	v	c	i	n	l	m	e
n	h	s	k	h	e	r	j	t	r
f	e	x	a	m	q	v	h	s	b
y	r	w	h	e	r	u	e	k	g
t	l	o	j	d	b	p	r	c	f

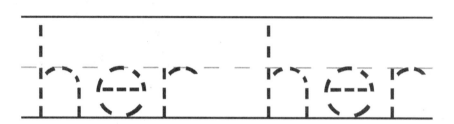

there

Name _____

Trace.

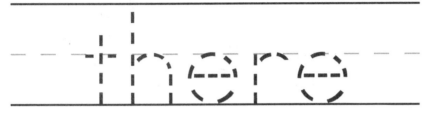

My kite is **there** in the tree.

Write.

Circle each **there**. (Hint: There are 6.)

l	t	h	e	r	e	w	n	o	t
t	s	u	d	c	b	v	t	m	h
h	t	h	e	r	e	f	h	y	e
e	j	x	a	n	q	l	e	c	r
r	w	t	h	e	r	e	r	g	e
e	o	p	k	d	i	q	e	z	b

Write-N-Seek. Sight Words © Scholastic Inc.

some

Trace.

some

some

Do you want **some** popcorn?

Write.

Circle each **some**. (Hint: There are 6.)

c	u	q	s	r	k	n	l	p	z
s	w	g	o	w	d	s	o	m	e
o	t	z	m	v	s	r	i	t	j
m	i	b	e	x	o	a	f	g	n
e	p	h	j	l	m	s	o	m	e
s	o	m	e	d	e	k	u	y	v

out

Trace.

The owl comes **out** at night.

Write.

- -

Circle each **out**. (Hint: There are 6.)

e	a	k	w	r	o	u	t	i	o
g	f	c	x	j	m	l	d	q	u
n	o	u	t	s	w	o	h	p	t
b	r	d	p	o	a	u	f	e	s
q	l	i	z	u	b	t	o	u	t
v	h	m	j	t	n	c	g	y	k

as

Name _____

Trace.

Swing **as** high **as** you can.

Write.

_ _ _ _ _ _ _ _ _ _ _ _ _ _ _ _ _ _

Circle each **as**. (Hint: There are 6.)

b	t	a	s	d	e	j	n	o	w
m	f	c	o	v	y	a	l	k	j
i	a	n	j	k	u	s	q	h	r
u	s	x	a	s	p	b	f	c	g
e	g	h	l	e	t	i	v	a	z
f	k	r	w	d	a	s	r	s	m

be

Name _____

Trace.

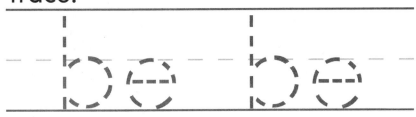

I want to **be** a cook.

Write.

_____

- - - - - - - - - - - - - - - - - - - -

_____

Circle each **be**. (Hint: There are 6.)

m	a	z	i	q	r	k	b	h	p
v	f	w	b	e	x	u	e	c	y
c	b	s	g	t	l	n	j	b	e
j	e	x	a	u	p	m	f	i	d
l	y	h	b	o	t	b	e	g	o
f	n	r	e	d	k	q	t	s	v

have

Name _____

Trace.

have

have

Can I **have** a pet snake?

Write.

_____

- - - - - - - - - - - - - - - -

Circle each **have**. (Hint: There are 6.)

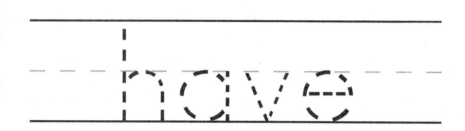

h	a	v	e	b	k	s	h	q	r
j	g	c	x	o	i	d	a	n	h
u	h	f	h	a	v	e	v	c	a
t	a	r	z	n	m	b	e	f	v
w	v	s	q	y	g	o	k	l	e
p	e	h	a	v	e	u	j	d	i

go

Name _____

Trace.

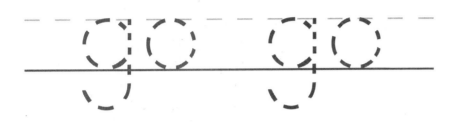

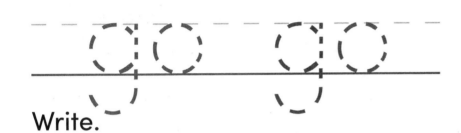

A train can **go** fast!

Write.

- -

Circle each **go**. (Hint: There are 6.)

q	e	h	g	c	z	n	a	l	f
g	o	v	o	j	g	u	r	m	d
u	n	p	k	f	o	b	i	t	j
x	r	g	a	d	y	e	v	c	s
y	l	o	q	s	t	w	g	o	x
f	i	b	m	g	o	h	p	z	k

we

Name _____

Trace.

I hope **we** see
a whale.

Write.

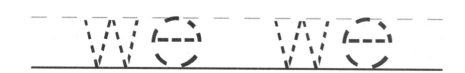

Circle each **we**. (Hint: There are 6.)

v	f	c	z	b	w	e	x	u	g
m	a	z	i	h	p	q	r	j	w
s	w	e	g	t	l	n	w	k	e
j	o	x	v	u	a	f	e	i	d
b	h	w	c	y	w	e	l	m	o
f	r	e	d	k	q	t	s	p	n

am

Name _____

Trace.

am   am

am   am

I **am** making
a snack.

Write.

_____

- -

_____

Circle each **am**. (Hint: There are 6.)

g	l	u	d	y	q	n	k	v	a
a	z	b	r	e	s	p	i	t	m
m	o	x	a	m	w	v	j	h	b
v	k	h	f	u	t	a	g	c	l
s	j	p	i	c	o	m	r	a	m
q	w	a	m	z	d	y	e	n	f

then

Name _____

Trace.

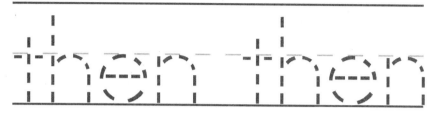

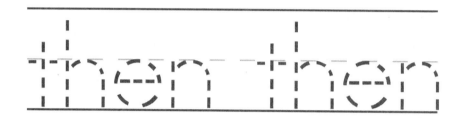

She shopped and **then** went home.

Write.

_____

- -

_____

Circle each **then**. (Hint: There are 6.)

b	a	t	l	p	f	y	d	u	c
g	s	h	x	t	h	e	n	m	o
t	d	e	k	q	u	z	i	t	v
h	c	n	m	v	r	a	b	h	p
e	t	h	e	n	s	w	f	e	l
n	o	r	t	h	e	n	g	n	j

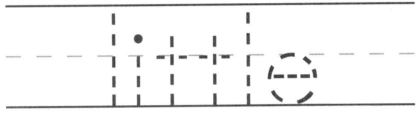

little

Name _____

Trace.

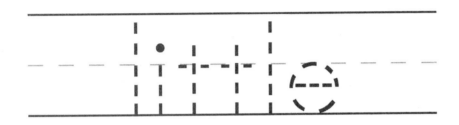

The **little** mouse ran to the house.

Write.

- -

Circle each **little**. (Hint: There are 6.)

l	a	l	w	l	i	t	t	l	e
i	l	i	t	t	l	e	h	i	u
t	j	t	k	f	x	w	n	t	v
t	r	t	a	u	v	o	j	t	b
l	o	l	n	s	z	r	f	l	k
e	h	e	l	i	t	t	l	e	s

Write-N-Seek: Sight Words © Scholastic Inc.

down

Name _____

Trace.

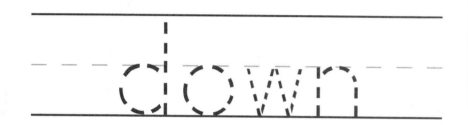

Our ball went **down** the hill.

Write.

_____

- -

_____

Circle each **down**. (Hint: There are 6.)

i	d	o	w	n	b	u	m	r	d
d	c	e	d	o	w	n	q	h	o
o	t	a	v	s	g	d	x	p	w
w	d	o	w	n	z	o	f	c	n
n	l	h	u	m	e	w	s	g	k
f	p	r	j	y	i	n	b	a	v

do

Trace.

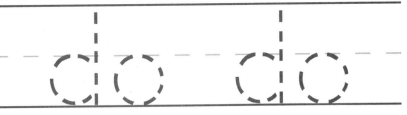

Pick one of these to **do**.

Write.

Circle each **do**. (Hint: There are 6.)

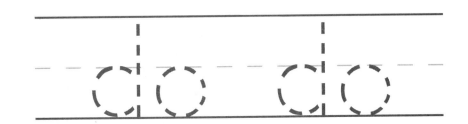

t	y	j	t	r	a	d	o	h	i
m	f	q	c	v	g	u	l	s	d
z	u	w	d	o	n	p	e	t	o
v	d	e	a	k	x	m	d	b	c
l	o	h	b	i	t	r	o	g	k
s	n	p	y	f	d	o	w	q	x

Trace.

I **can** jump rope!

Write.

Circle each **can**. (Hint: There are 6.)

f p k v e c o m s l
c b t d g a u c a n
a l o h j n x i t r
n i c a n p k f b c
j u m e r c a n t a
v g s y d z q w h n

could

Trace.

could

could

The boy knew he
could ride.

Write.

_____

Circle each **could**. (Hint: There are 6.)

p	c	n	c	o	u	l	d	h	c
e	o	s	t	b	r	x	c	f	o
g	u	c	o	u	l	d	o	j	u
a	l	x	h	z	p	m	u	e	l
y	d	k	v	a	n	w	l	t	d
c	o	u	l	d	i	q	d	r	s

when

Trace.

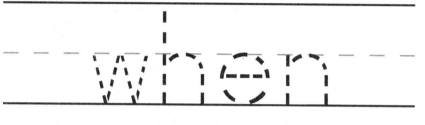

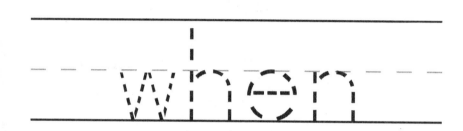

I eat **when**
I am hungry.

Write.

Circle each **when**. (Hint: There are 6.)

```
t  a  y  w  h  e  n  l  p  w
i  q  f  s  j  b  v  w  a  h
c  u  v  z  w  o  r  h  t  e
w  h  e  n  h  p  m  e  x  n
d  l  r  g  e  t  q  n  s  b
k  o  m  u  n  c  w  h  e  n
```

did

Name _____

Trace.

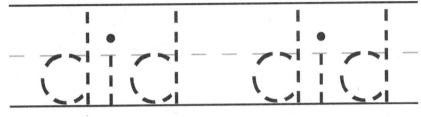

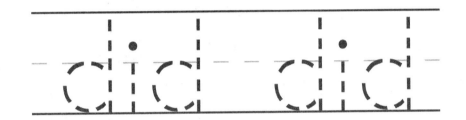

Where **did** the squirrel go?

Write.

_____

Circle each **did**. (Hint: There are 6.)

d	a	p	f	o	n	d	i	d	v
i	h	u	d	g	b	v	l	m	q
d	s	c	i	k	d	r	d	i	d
t	m	x	d	e	i	p	f	g	b
y	l	r	n	h	d	w	o	c	k
f	d	i	d	t	z	j	y	e	f

what

Name _____

Trace.

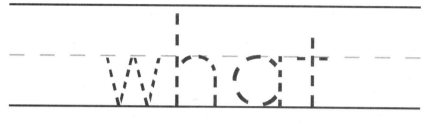

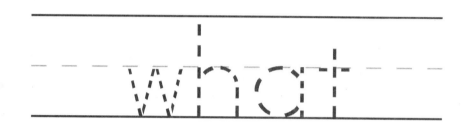

Do you know **what** is in here?

Write.

_____

- - - - - - - - - - - - -

_____

Circle each **what**. (Hint: There are 6.)

```
y  l  e  v  s  b  w  h  a  t
d  w  h  a  t  i  f  c  r  w
w  f  q  u  z  l  n  w  g  h
h  n  k  r  o  x  e  h  o  a
a  g  w  h  a  t  u  a  m  t
t  c  p  j  i  d  q  t  s  v
```

SO

Name _____

Trace.

The snail is **so** slow.

Write.

Circle each **so**. (Hint: There are 6.)

b	r	x	a	s	p	m	l	z	g
t	s	o	f	o	y	n	e	h	k
g	d	u	w	b	c	i	s	o	m
v	p	x	j	d	k	q	r	v	s
s	o	c	n	l	s	f	u	t	o
y	k	h	e	z	o	w	a	b	q

Write-N-Seek: Sight Words © Scholastic Inc.

see

Name _____

Trace.

Can you **see**
what the bear has?

Write.

Circle each **see**. (Hint: There are 6.)

q	a	s	e	e	r	n	o	h	t
g	f	t	d	c	s	u	l	m	s
s	e	e	h	b	e	p	j	t	e
o	r	m	s	n	e	x	r	k	e
y	l	v	e	z	w	a	f	d	c
b	j	u	e	i	q	s	e	e	g

not

Trace.

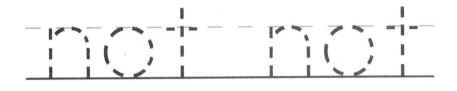

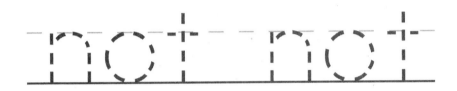

The rain will
not stop.

Write.

- - - - - - - - - - - - - - - - - -

Circle each **not**. (Hint: There are 6.)

v	a	d	k	i	n	w	x	n	m
g	n	o	t	c	o	u	r	o	h
l	w	x	s	f	t	e	b	t	z
j	b	n	u	n	o	t	p	c	s
y	e	o	m	i	l	v	f	g	d
p	h	t	r	q	a	b	n	o	t

were

Trace.

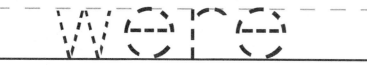

The frogs **were** on a log.

Write.

Circle each were. (Hint: There are 6.)

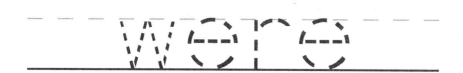

w	a	h	w	e	r	e	g	k	p
e	n	w	d	c	b	w	e	r	e
r	o	e	f	m	z	u	l	w	c
e	s	r	a	h	p	n	f	e	u
k	v	e	x	t	j	d	o	r	y
i	b	q	w	e	r	e	t	e	m

Name _____

Mixed Word-Search Puzzles

Read each word in the box.
Circle that word in the word-search puzzle.

WORD BOX

a	on
but	she
for	to
I	the
of	you

t	q	k	f	o	n	r	o	h	w
q	v	t	h	e	b	u	d	I	e
o	f	n	q	k	j	c	i	t	r
w	r	x	a	n	g	m	f	c	b
t	l	h	e	i	t	w	o	g	y
o	g	b	j	r	d	q	r	s	o
m	s	u	v	b	p	n	x	h	u
p	k	t	d	s	h	e	l	m	c

Read each word in the box.
Circle that word in the word-search puzzle.

WORD BOX

and	it
had	said
he	that
his	they
in	was

t	u	i	n	x	p	n	q	h	e
g	h	k	t	h	a	t	l	m	o
d	a	w	b	u	v	r	i	y	r
t	d	x	a	n	d	s	t	w	t
y	l	f	t	w	e	c	o	g	h
m	p	r	j	a	i	h	r	k	e
s	a	i	d	s	r	i	e	h	y
g	q	u	f	c	b	s	l	j	d

Name _____

Mixed Word-Search Puzzles

Read each word in the box.
Circle that word in the word-search puzzle.

WORD BOX

but	on
for	said
had	she
her	that
his	was

t	u	w	f	o	r	n	s	h	f
g	h	a	d	c	b	u	a	m	o
d	v	r	j	k	e	z	i	t	w
o	n	x	s	n	p	m	d	c	a
y	l	b	h	r	h	w	q	g	s
h	z	p	e	d	i	q	s	r	e
e	a	k	c	j	s	n	o	y	l
r	f	b	u	t	l	t	h	a	t

Read each word in the box.
Circle that word in the word-search puzzle.

WORD BOX

all	some
at	there
him	they
is	up
look	with

r	k	s	o	m	e	c	h	i	m
g	t	u	d	w	b	s	l	x	n
d	h	n	h	f	l	o	o	k	p
t	e	x	v	t	p	y	f	z	b
i	y	q	r	h	t	w	i	t	h
s	c	a	j	e	i	q	m	s	e
t	v	l	z	r	n	a	o	h	f
g	f	l	d	e	b	t	l	u	p

Name _____

Mixed Word-Search Puzzles

Read each word in the box.
Circle that word in the word-search puzzle.

WORD BOX

all	him
as	look
at	there
down	up
have	we

u	p	j	f	w	r	n	i	h	k
g	f	z	d	e	b	u	l	w	o
d	a	n	h	p	a	r	o	t	h
q	s	x	a	t	l	y	o	c	i
y	l	e	b	h	l	w	k	g	m
d	o	w	n	d	i	q	r	s	v
t	u	k	f	s	t	h	e	r	e
g	h	a	v	e	c	u	l	m	j

Read each word in the box.
Circle that word in the word-search puzzle.

WORD BOX

am	little
be	out
go	some
her	then
is	with

t	a	w	f	i	s	n	o	h	f
g	h	u	d	c	b	u	l	v	l
t	e	n	h	s	o	m	e	k	i
h	r	x	v	z	p	r	f	c	t
e	l	b	e	r	t	w	x	g	t
n	q	d	j	o	i	i	r	s	l
c	a	k	f	u	r	t	p	h	e
g	o	u	d	t	b	h	a	m	z

Name _____

Mixed Word-Search Puzzles

Read each word in the box.
Circle that word in the word-search puzzle.

WORD BOX

am	have
as	little
be	out
down	then
go	we

t	a	m	v	i	r	n	o	u	t
b	f	u	d	c	b	s	v	m	o
e	d	n	l	i	t	t	l	e	r
q	r	x	a	n	w	m	k	c	d
t	h	e	n	r	e	y	h	f	o
k	v	r	j	g	i	q	a	x	w
t	a	s	f	o	x	n	v	h	n
g	w	u	d	c	b	u	e	m	g

Read each word in the box.
Circle that word in the word-search puzzle.

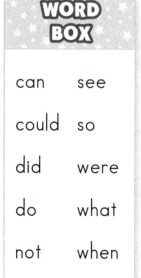

WORD BOX

can	see
could	so
did	were
do	what
not	when

d	i	w	h	e	n	j	d	o	f
i	p	u	m	a	b	w	l	s	o
d	f	n	h	c	q	e	i	t	z
t	r	x	e	a	p	r	y	o	b
s	e	e	c	n	t	e	x	g	k
g	l	r	j	y	i	q	v	s	n
t	a	k	c	o	u	l	d	h	o
w	h	a	t	c	b	u	l	m	t

Answer Key

the (page 6)

to (page 7)

and (page 8)

he (page 9)

a (page 10)

I (page 11)

you (page 12)

it (page 13)

of (page 14)

in (page 15)

was (page 16)

```
w a s m v r n o w f
i f h u c b z l a u
d q w k w a s g s y
w r a x n p m x c b
a l s e z t w a s k
s o v j d i q r h e
```

said (page 17)

```
s j s a i d e z t r
a l k p o r n h o y
i f s b s a i d a s
d o a j n p m f i g
y m i o h t w l d k
x e d s a i d u q
```

his (page 18)

```
t r h i s p n j z k
y l b e r h w h i s
f h v j d i q m g e
u i k z a s x o h f
g s n q c b t l i c
d o x h i s y u s a
```

that (page 19)

```
f e k s o r n t l d
i t h a t p x h c q
t g u d c b i a m t
h y t h a t k j h a
a l p e v m w u g t
t o r n t h a t s
```

she (page 20)

```
f s k c o s h e l d
w h r n g d m q s j
b e u s h e i a h r
j y i f l k s w e z
s h e o t p h b c n
q l p x v m e u g a
```

for (page 21)

```
t a k f o r n o h f
g f u d c b u l m o
d o n h f o r i t r
t r x a n p m f c b
y l h e r t w o g s
f o r j d i q r s e
```

on (page 22)

```
g l p i z o v u s k
t o n j d n q r h a
o f h u c b e l o n
n q m o i a w g z y
w r e n x p o n c b
v d s t j v k x m f
```

they (page 23)

```
p t k t h e y o l a
g h u f t n t h e y
d e b i h s c j t k
w y x a y e p m f h
c l m r y v w o e k
t h e y d i q n y g
```

but (page 24)

```
w n o z k g b j f y
d c b u t e u l m a
b u t a d v t h q i
s r x b m p n k c b
h e j u l b u t g u
f k p t i q j r s t
```

had (page 25)

```
h i b v h w c z u s
a p u j a t e k x o
d m l f d q r h a d
q h a d n p h f l g
y k e c r b a m v t
w n h a d o d i s j
```

at (page 26)

```
c m w e h r a t f y
g l u d o q n k m a
a z n f r s p i x t
t r x a t h w j c b
v k h e u z a v g l
s o p i b j t d a t
```

him (page 27)

```
n j n t a k z u f s
h i m g h e d c l o
d a l h i w q h i m
n h r i m o v b y x
w i f m j h i m t k
b m u q c s e g p r
```

with (page 28)

```
p  o  w  j  a  k  w  i  t  h
w  b  i  d  d  u' f  r  l  m  g
w  i  t  h  i  e  m  w  i  t  h  w  n
i  t  u  h  a  n  p  v  f  i  b  n
h  l  c  e  k  o  r  s  t  y
d  x  q  w  i  t  h  z  h
```

up (page 29)

```
t  v  k  u  o  r  n  u  p  f
g  a  q  p  c  h  s  l  p  q
d  u  n  b  f  u  r  i  r
z  p  s  a  v  p  y  u  p  b
y  l  h  e  t  z  w  o  g  k
w  u  p  j  d  i  q  c  x  e
```

all (page 30)

```
p  i  e  t  v  a  l  l  o  w
b  h  a  n  f  g  u  a  l  l
r  u  l  m  p  k  s  n  d  f
a  q  l  x  a  l  l  m  a  c
l  y  z  h  e  r  t  w  l  g
l  c  o  d  j  b  i  q  l
```

look (page 31)

```
t  a  l  o  o  k  n  y  h  l
l  f  u  d  c  b  e  s  m  o
o  g  q  l  a  l  o  o  k  k
o  r  x  o  n  p  c  f  u  k
k  i  h  o  r  v  w  n  g  j
f  m  b  k  z  l  o  o  k  e
```

is (page 32)

```
c  a  k  f  t  r  n  v  h  q
d  q  x  w  i  s  u  g  m  y
j  i  m  e  v  l  z  i  s  a
u  s  h  c  d  p  i  f  b  r
y  l  r  i  s  t  s  n  i  e
o  z  b  j  g  w  v  x  s
```

her (page 33)

```
q  h  e  r  o  z  p  y  a  h
g  t  u  v  c  i  n  l  m  e
n  h  s  k  h  e  r  t  r
f  e  x  a  m  q  v  h  b
y  r  w  h  e  r  u  e  k  z
t  l  o  j  d  b  p  r  c  f
```

there (page 34)

```
l  t  h  e  r  e  w  n  o  t
t  s  u  d  c  b  v  t  m  y  h
h  t  h  e  r  e  f  t  v  e  r
e  j  x  a  n  q  e  c  r
r  w  t  h  e  r  e  r  e
e  o  p  k  d  i  q  e  z  b
```

some (page 35)

```
c  u  q  s  r  k  n  l  p  z
s  w  g  o  w  d  s  o  m  e
o  t  z  m  s  r  i  t  j
m  i  b  e  x  o  a  f  g  n
e  p  h  j  l  m  s  o  m  e
s  o  m  e  e  k  u  y  v
```

out (page 36)

```
e  a  k  w  r  o  u  t  i  o
g  f  c  x  j  m  l  d  q  u
n  o  u  t  s  w  o  h  p  t
b  r  d  p  o  a  u  f  e  s
q  l  i  z  u  b  t  o  u  t
v  h  m  j  t  n  c  g  y  k
```

as (page 37)

```
b  t  a  s  d  e  j  n  o  w
m  f  c  o  v  y  a  l  k  j
i  a  n  j  k  u  s  q  h  c
u  s  x  a  s  p  b  f  c  g
e  g  h  l  e  t  i  v  a  z
f  k  r  w  d  a  s  r  s  m
```

be (page 38)

```
m  a  z  i  q  r  k  b  h  p
v  f  w  b  e  x  u  e  c  y
c  b  s  g  t  l  n  j  b  e
j  e  x  a  u  p  m  f  i  d
l  y  h  b  o  t  b  e  g  o
f  n  r  e  d  k  q  t  s  v
```

have (page 39)

```
h  a  v  e  b  k  s  h  q  r
j  g  c  x  o  i  d  a  n  h
u  h  f  h  a  v  e  v  c  a
t  a  r  z  n  m  b  e  f  v
w  h  s  q  y  g  o  k  d  e
p  e  h  a  v  e  u  j  d  i
```

go (page 40)

```
q e h g c z n a l f
g o v o j g u r m d
u n p k f o b i t j
x r g a d y e v c s
y l o q s t w g o x
f i b m g o h p z k
```

we (page 41)

```
v f c z b w e x u g
m a z i h p q r j w e
s w e g t l w k w e
j o x v u a f e i
b h w c y w e l o n
f r e d k q t s p n
```

am (page 42)

```
g l u d y q n k v a m
a m z b r e s p i t h m
a m o x a m w v j h b
v k h f u t a g c l
s j p i c o m m r a m
q w a m z d y e n f
```

then (page 43)

```
b a t l p f y d u c
g s h x t h e n m o
t d e k q u z i t v
h c n m v r a b h p
e t h e n s w f e l
n o r t h e n g n j
```

little (page 44)

```
l a l w l i t t l e e
i l i t t l e h i u
t j t k f x w n t v
t r t a u v o j t b
l o h l n s z r f l k
e h e l i t t l e s
```

down (page 45)

```
i d o w n b u m r d
d c e d o w n q h o
o t a v s g d x p w
w d o w n z o c n
n l h u m e w n g k
f p r j y i n b a
```

do (page 46)

```
t y j t r a d o h i
m f q c v g u l s d
z u w d o n p e t o
v d e a k x m d b c
l o h b i t r o g k
s n p y f d o w q x
```

can (page 47)

```
f p k v e c o m s l
c b t d g a u c a n
a l o h j n x i t r
n i c a n p k f b c
j u m e r c a n t a
v g s y d z q w h n
```

could (page 48)

```
p c n c o u l d h c
e o s t b r x c f o
g u c o u l d o j u
a l x h z p m u l l
y d k v a n w l e d
c o u l d i q d r s
```

when (page 49)

```
t a y w h e n l p w
i q f s j b v w a h
c u v z w o r h t e
w h e n h p m e x n
d l r g t q n s b
k o m u n c w h e n
```

did (page 50)

```
d a p f o n d i d v
i h u d g b v l m q
d s c i k d r d i d
t m x d e i p f g b
y l r n h d w o c k
f d i d t z j y e f
```

what (page 51)

```
y l e v s b w h a t
d w h a t i f c r w
w f q u z l n g h
h n k r o x e o a
a g w h a t u t
t c p j d q a t s v
```

so (page 52)

see (page 53)

not (page 54)

were (page 55)

Sight Words 1–20 (page 56/top)

Sight Words 1–20 (page 56/bottom)

Sight Words 11–30 (page 57/top)

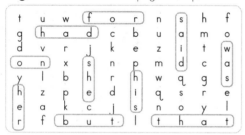

Sight Words 11–30 (page 57/bottom)

Sight Words 21–40 (page 58/top)

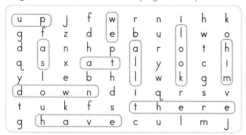

Sight Words 21–40 (page 58/bottom)

Sight Words 31–50 (page 59/top)

Sight Words 31–50 (page 59/bottom)

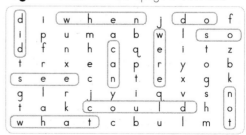